中医药与智慧故事

阆中市思源实验学校 编著

主　编：李　晓
副主编：李天泽
顾　问：王启合　赵子君
编　委（以姓氏笔画为序）：
马　鹏　石明旭　刘　龙　杨建军　何玲玲　陈　智　陈　鹏
罗　圣　罗　玲　赵伯阳　侯　兵　胡刚文　袁　芳　袁衍堂
夏川山　寇琦杰　舒麟英　谢　猛　鄢　丰

四川大学出版社

图书在版编目（CIP）数据

中医药与智慧故事 / 阆中市思源实验学校编著. —成都：四川大学出版社，2024.5
（思源生命课程丛书）
ISBN 978-7-5690-6496-4

Ⅰ. ①中… Ⅱ. ①阆… Ⅲ. ①中国医药学－文化－小学－教学参考资料 Ⅳ. ①G624.93

中国国家版本馆CIP数据核字（2023）第244402号

书　　名：	中医药与智慧故事
	Zhongyiyao yu Zhihui Gushi
编　　著：	阆中市思源实验学校
丛 书 名：	思源生命课程丛书
丛书策划：	唐　飞　夏川山　　责任校对：张　澄
选题策划：	孙滨蓉　唐　飞　　装帧设计：杨　峰　唐蔓生
责任编辑：	龚娇梅　　　　　　插图绘制：尹　劼
特约编辑：	石　榴　　　　　　责任印制：王　炜
出版发行：	四川大学出版社有限责任公司
	地址：成都市一环路南一段24号（610065）
	电话：（028）85408311（发行部）、85400276（总编室）
	电子邮箱：scupress@vip.163.com
	网址：https://press.scu.edu.cn
印前制作：	重庆一堂优教育科技有限公司
印刷装订：	四川华龙印务有限公司
成品尺寸：	210mm×190mm
印　　张：	6
字　　数：	58千字
版　　次：	2024年5月 第1版
印　　次：	2024年5月 第1次印刷
定　　价：	38.00元

本社图书如有印装质量问题，请联系发行部调换

版权所有　◆　侵权必究

序言

中医是世界上发展极早的医学之一，历史悠久，春秋战国时期，中医理论基本形成。数千年来，中医融入了中华民族的日常饮食起居，守护着中华儿女，为中华民族的繁衍昌盛做出了巨大贡献。

我们的祖先历经一代又一代探索，创造了玄秘而深奥的中医药世界。当代女药学家屠呦呦受中医古籍启发，成功提取青蒿素，获得诺贝尔生理学或医学奖，再次证明了中医药的神奇。

2015年，中国中医科学院成立60周年之际，习近平总书记在贺信中指出："中医药学是中国古代科学的瑰宝，也是打开中华文明宝库的钥匙。"国务院《中医药发展战略规划纲要（2016—2030年）》明确提出，要"推动中医药进校园、进社区、进乡村、进家庭，将中医药基础知识纳入中小学传统文化、生理卫生课程"。

作为"四川省中医药文化宣传教育基地",阆中市思源实验学校在建校初期,就将中医药科普教育作为办学特色之一。多年来,我校长期致力于中医药文化宣传教育,以及学生健康,尤其是学生心理健康的研究与实践。

为进一步推动中医药文化在校园内的普及,我校联合中医药专家策划编写了中医药文化系列图书。《中医药与智慧故事》为本系列图书的第一册。

本书包含"本草故事""中医故事""成语故事"三个章节。故事内容取材自经典古籍或民间传说,并结合当代学生的语言习惯、理解能力、阅读偏好进行了创作与加工。希望小读者们通过阅读精彩有趣的小故事,感受中医药文化之趣,从而在未来积极传承、发展中医药文化。

祝愿小读者们能够从中医药文化中汲取营养,健康成长!

编 者

2024年2月

目 录

第一章 本草故事

金银花	/2
三七	/6
车前草	/10
甘草	/14
浮萍	/18
枸杞子	/22
苍术	/26
丁香	/30
决明	/34

第二章 中医故事

扁鹊	/40
文挚	/44
华佗	/48
张仲景	/52
皇甫谧	/56
葛洪	/60
孙思邈	/64
李时珍	/68
叶天士	/72

第三章 成语故事

杏林春暖	/78
乐极生悲	/82
悬壶问世	/86
杯弓蛇影	/90
对症下药	/94
闻鸡起舞	/98
病入膏肓	/102
高山流水	/106
囫囵吞枣	/110

古代称中药及中药著作为本草。几千年来，古人编著了许多以『本草』命名的中医药书籍，如《神农本草经》《本草纲目》等。我国先民从大自然中找到了许多治病救人的良药。这是大自然给予中华大地的馈赠，也是中医『天人合一』思想的生动体现。

丁香

车前草

枸杞子

三七

第一章 本草故事

决明

金 jīn 银 yín 花 huā

第一章 本草故事

金银花解蘑菇之毒

宋代作家张邦基撰写的《墨庄漫录》记载了一个非常惊险的故事。

宋徽宗年间,各地纷争不断,加上天灾频发,人们生活在水深火热之中。苏州天平山白云寺的和尚也深受其害,只能靠吃野菜填饱肚子。

阳春三月的一天,白云寺的和尚们又出发去挖野菜了。他们走到一处山涧前,忽然发现一株枯木上长了许多蘑菇,蘑菇色彩艳丽、质地肥厚,让人一看就流口水。于是,他们采下蘑菇带回寺里,简单烹制后便大口吃了起来。谁承想,这些蘑菇是有毒的。到了晚上,他们的肚子里开始翻江倒海，一个个吐得两眼发昏。

生死攸关之际，其中一个和尚忽然想起来，有一年，寺里一个和尚的后背长了个大毒疮，很快就浑身发热，不省人事，病情危急。幸好，一位云游至此的和尚了解病情后，去山上带回了一大把鸳鸯草。那鸳鸯草的花一半白色，一半黄色，很是美丽。云游和尚把鸳鸯草、生甘草和少许米汤混合在一起，煎成了浓浓的药汁，让病中的和尚分成几次饮用，竟然把病给治好了。

回忆起这件事的和尚猜测，鸳鸯草能治疗毒疮，是否也能解蘑菇之毒呢？虽然这位和尚也中毒了，可他依然抱着一线希望出发去了山上。幸运的是,他找到了鸳鸯草并带回了寺里。由于情况紧急,他顾不上把鸳鸯草煎成药汁,直接将其放进嘴里咀嚼起来。寺里的一些和尚见了,也开始咀嚼鸳鸯草,而另一些和尚不肯吃。最后,吃了鸳鸯草的和尚都成功得救了。

故事里的鸳鸯草,其实就是中药金银花。它具有清热解毒、疏散风热的功效。

中医药文化知识铺

金银花,又名忍冬,因其凌冬不凋谢而得名。入药部位为忍冬科植物忍冬的干燥花蕾或带初开的花。主治痈肿疔疮、喉痹、丹毒、热毒血痢、风热感冒、温病发热等。

三七
sān qī

第一章 本草故事

失效的祖传止血药

很久以前,在云南文山的小山村里,有一个二十来岁的年轻小伙,名叫张兆,是一名非常优秀的猎手。

有一次,张兆跟村里的几个青年一同上山打猎,没想到,被一头发了狂的熊害得滚下了山崖,顿时口吐鲜血,身上也满是伤口。

同伴们得知镇上有一位田郎中,四十来岁,医术高明,且不在意医疗费,便急匆匆地把张兆抬到了田郎中家。田郎中检查完伤势,从后院挖出了一株草药,用草药的块状根茎煮了汤给张兆喝下,很快便止住了血。又经过几天的治疗,张兆渐渐痊愈了。他和田郎中还因为此事结拜成了兄弟。

得知自己服用的是田郎中家祖传的止血草药，张兆询问能否送他几株回去种植，以后再受伤时也好自救。田郎中欣然答应了，教给张兆种植方法，并嘱咐他务必保密。

一年后，张兆种植的草药已经长大，与此同时，知府家的小姐患上了出血症，遍访名医依然没有好转。得知此事，张兆按照田郎中的方法煎好汤药给小姐喝下，奇怪的是，居然没有任何效果。知府非常生气，认为张兆是骗子，便对他严刑拷打。张兆无奈，只好供出了田郎中。于是，田郎中也被抓了起来。

田郎中了解来龙去脉后，解释道："这草药能止血止痛，是可以治疗小姐的病的，只是得三到七年才有疗效。我义弟并不知晓此事，才好心办了坏事。"后来，田郎中请小姐改服自己随身携带的药粉。服用几天后，小姐果然康复了。

田郎中所用的草药名叫三七，明代医学家李时珍在《本草纲目》中将它称为"金不换"。

中医药 文化知识铺

三七，又名山漆、金不换、田七等。入药部位为五加科植物三七的干燥根和根茎。主治咯血、吐血、衄血、便血、崩漏、外伤出血、胸腹刺痛、跌扑肿痛等。

车前草
chē qián cǎo

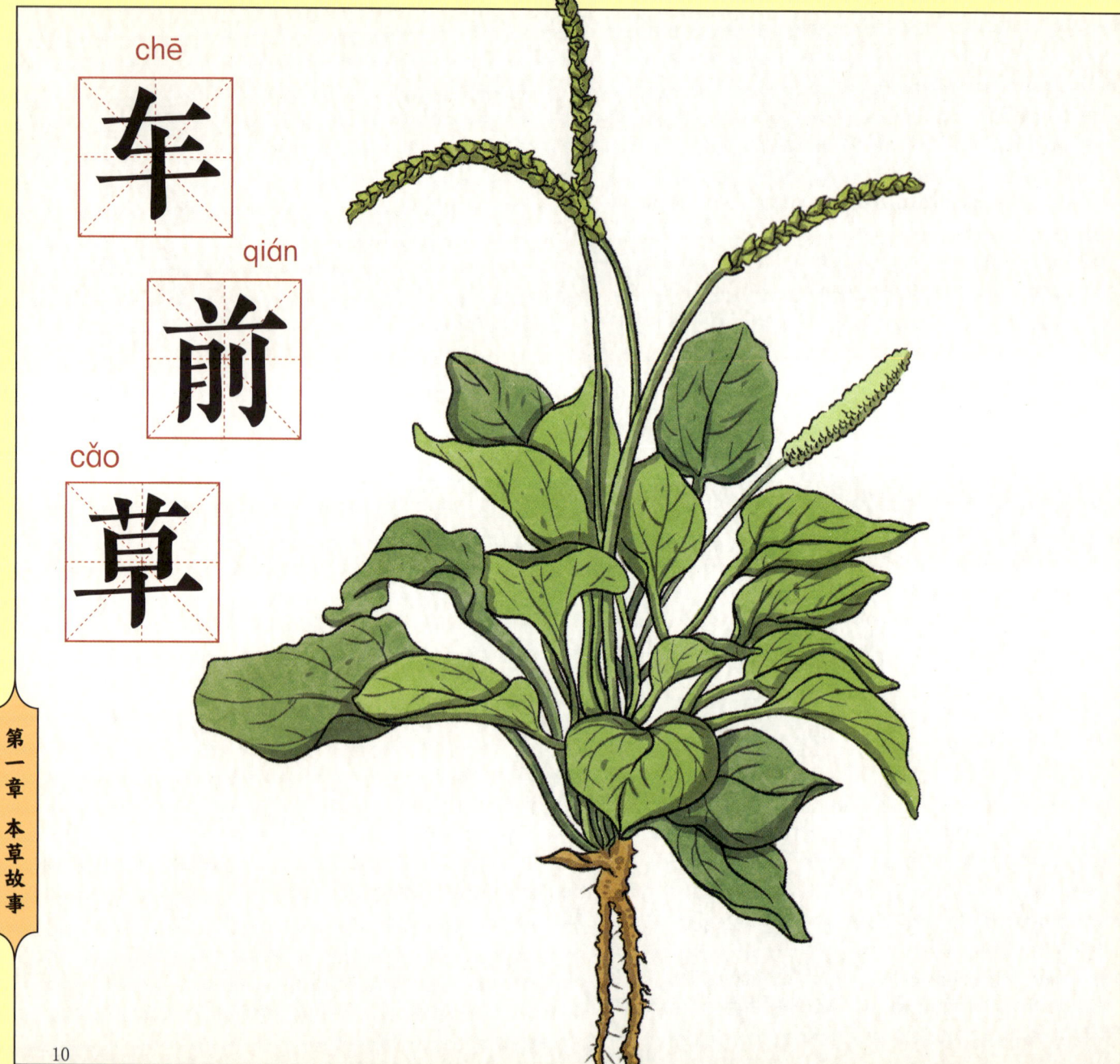

第一章 本草故事

长在马车前的神奇小草

民谣《车轱辘菜》唱道:"车轱辘菜呦叶儿圆,长也长不高来爬也爬不远,花开无艳蜂不采,尘土盈装少人怜;车轱辘菜呦叶儿圆,撸也撸不尽来采也采不完,山泉水煮青白显,不加油盐苦也甘;车轱辘菜呦叶儿圆,踩也踩不死来压也压不烂,山野险崖皆为家,愿伴春风碧河川。"这车轱辘菜,其实就是中药车前草。

相传,在遥远的尧舜禹时期,如今的江西地区时常发生水灾。舜帝得知此事,立马要求禹安排人手救急。

禹的助手伯益治水经验丰富,便担起重任,带领队伍奔赴抗洪前线，只花了一年左右，治水就有了效果。

他们正准备继续努力，然而，炎热的夏天到来了，加上长期辛苦工作，治水队伍里的很多人都得了水肿病，具体表现之一就是小便又少又黄。

听闻这事儿的禹坐不住了，带着医生赶去给大伙儿治病。医生看完病，却很发愁，因为根本无药可用。但是，再这样拖下去，生病的人会越来越多，工期也会被一再耽搁，等雨季到来，岂不是又要发生水灾了？

正当大伙儿束手无策、焦急万分之时，一位养马的老人手捧一把草赶来了。他对禹说："这种草或许可以给大伙儿治病！"禹连忙向老人询问情况，老人说，前些天，他在喂马的时候，忽然发现伯益的马群中，有几匹马的尿又多又清，而其他马的尿又少又黄。他感到好奇，就仔细观察了那几匹马的行踪。后来发现，它们啃食了这种长着圆叶子的草。

后来，他们用这种草煮成了汤，给大伙儿饮用。没想到，大伙儿的身体果然康复了。由于这种草是在马车前面发现的，所以人们给它取名"车前草"。

中医药 文化知识铺

车前草，又名猪耳草、牛舌草、七星草等。入药部位为车前科植物车前或平车前的干燥全草。主治热淋涩痛、水肿尿少、暑湿泄泻、痰热咳嗽、吐血衄血、痈肿疮毒等。

gān
甘

cǎo
草

第一章 本草故事

三张药方和一味中药

十个药方里,或许会有七八个药方配了甘草。甘草并不名贵,但它善于充当"和事佬",像班长一样,把大伙儿组织在一起。此外,它还很擅长解毒。

据说,明朝末年,有一位药铺掌柜,名叫刘兴邦。一天,邻居李二苟非常惊讶地告诉他:"刘掌柜,您得重病了,得抓紧治疗啊!"可是,刘掌柜非但不感谢李二苟,还瞧不起他,认为他一个十七八岁的小毛孩子,不过学了几年医术,就敢瞎说。李二苟只好悻悻地离开了。

没想到,两天后,刘掌柜果然一病不起。他的儿子小刘也是一名医生,见父亲病了,便开了药给父亲喝下,却没料到,刘掌柜的病情反倒加重了。就在刘掌柜病情危重时,他想起李二苟,便让儿子小刘登门求医。

小刘急匆匆赶到李家时,李二苟已经出门了。但李二苟似乎早就料到会有今日,临行前留下了三张药方。

小刘接过第一张药方一看,上头写着"甘草四两,水煎服"。他回家告诉刘掌柜,并感到怀疑,就这么一味药,哪能治好病呢?可父子俩也没了办法,只好硬着头皮试一试。神奇的是,一剂药服下,刘掌柜竟然觉得身子舒服了不少。见父亲好转,小刘赶紧跑去取第二张药方。药方上写着"甘草半斤,水煎服"。等用完第二张药方，刘掌柜就可以下地走路了。

最后，李母送来第三张药方，上面写着"甘草一斤，水煎当茶饮"。就这样，服了这三剂药，刘掌柜痊愈了。

李二苟回家后，向其说明了其中的原因："刘掌柜您常年制药，制药前总要尝尝，长此以往便中了百药之毒。而这甘草最擅长解毒了。"刘掌柜恍然大悟，无比佩服，从此再也不敢瞧不起人了。

中医药 文化知识铺

甘草，又名美草、蜜草、国老等。入药部位为豆科植物甘草、胀果甘草或光果甘草的干燥根和根茎。主治脾胃虚弱、倦怠乏力、心悸气短、咳嗽痰多、四肢挛急疼痛、脘腹、痈肿疮毒，缓解药物毒性及烈性等。

浮萍
fú
píng

第一章 本草故事

18

河道挖出谜语诗

"药圣"李时珍在《本草纲目》中记载了一个有趣的小故事。

北宋时期,东京(今河南开封)的汴梁正在挖掘河道。工人们挖呀挖呀,忽然挖出一块大石头,擦净泥土一瞧,原来是一块石碑,只是上面的文字很奇怪,现场没人能看懂。

这时,一位名叫林灵素的道士闻讯而来。林灵素读了许多书,知识渊博。他凑到石碑前,认真地把石碑上的文字看了又看。经过仔细研究,他终于搞清楚,这是一首谜语诗。它不仅是一首诗,还是一个药方呢。

诗文写道:"天生灵草无根干,不在山间不在岸。始因飞絮逐东风,泛梗青青飘水面。神仙一味去沉疴,采时须在七月半。选甚瘫风与大风,些小微风都不算。豆淋酒化服三丸,铁镤头上也出汗。"

林灵素思考片刻,开始解释诗文的意思:"头四句诗,讲的是一种小草。这小草无根无干,既不长在山间,也不生在岸上,而是漂在水面上。明白人一听就知道,这分明说的是浮萍嘛。"

他接着分析:"五六句诗,说的是这种小草可以入药,并介绍了采药的时间。最后四句诗说的是这味药的功效和服用剂量。它能使人发汗,可以治疗瘫风、大风和其他轻微的风邪引起的疾病。将它制成药丸就可以服用了,每次吃三丸,以豆淋酒送服。"

二十四节气中的谷雨,分为三候:一候萍始生,二候鸣鸠拂其羽,三候戴胜降于桑,第一候说的便是浮萍。浮萍是水生植物,常见于水池、湖泊和沼泽。正如上面的诗文所说,每年七月半,夏末入秋前,是最佳的采收时间。

中医药 文化知识铺

浮萍,又名青萍、田萍、浮萍草等。入药部位为浮萍科植物紫萍的干燥全草。主治麻疹不透、风疹瘙痒、水肿尿少等。

枸杞子

gǒu qǐ zǐ

第一章 本草故事

372 岁的年轻女子

我国古代医书《太平圣惠方》中,有一个关于枸杞子的故事。

一名使者要去远方,路上偶遇一名女子。令人气愤的是,那个看上去只有十五六岁的女子,竟然在殴打一位八九十岁的老太太!

使者加快步子,上前阻止了女子,没好气地问她:"你这姑娘,怎么能打老人呢?"

使者万万没想到,女子竟然指着老人说:"这是我的曾孙女。"

什么?曾孙女?年纪轻轻的女子,怎么会有个如此年长的曾孙女呢？

使者继续问女子："那你为什么要打她呢？"

女子气呼呼地说："她太不听话了，家里明明有良药，她却不肯吃，导致现在年纪大了，走路都困难。我实在是太生气了，所以正惩罚她呢。"

使者还是难以相信女子说的话，于是又问她："那，那你今年多大岁数了？"

女子非常诚恳地回答道："我今年372岁了。"

使者听后，惊得睁大了眼睛，连忙请教女子到底吃的什么良药。女子告诉使者："这药只有一种，却有五个名字，春天叫天精，夏天叫枸杞，秋天叫地骨，冬天叫仙杖，也叫王母杖。"

这个充满神话色彩的故事，反映的正是枸杞子的滋补功效。

枸杞子历来被古代医家视作养生上品。文人也对它很是青睐，在诗句中常常对它赞誉有加。其中，诗人刘禹锡的咏药诗较为有名：

僧房药树依寒井，井有香泉树有灵。
翠黛叶生笼石甃，殷红子熟照铜瓶。
枝繁本是仙人杖，根老新成瑞犬形。
上品功能甘露味，还知一勺可延龄。

中医药 文化知识铺

枸杞子，又名白刺、白疙针、红耳坠等。入药部位为茄科植物宁夏枸杞的干燥成熟果实。主产于宁夏、甘肃、新疆等地，主治虚劳精亏、腰膝酸痛、眩晕耳鸣、内热消渴、血虚萎黄、目昏不明。

第一章 本草故事

cāng
zhú
苍术

许叔微巧用苍术给自己治病

很久很久以前，苍术就被用作中药了。《神农本草经》中写道："苍术，作煎饵，久服轻身延年。"表示苍术有延年益寿的功效。宋代医师许叔微在《普济本事方·停饮服苍术圆论证》中写到，他与苍术也有很深的渊源。

许叔微的童年非常不幸，十一岁时，父亲得病去世，母亲由于悲伤过度，加之过于劳累，也得了病，最后不治身亡。父母接连离世，不过是一百天的事。这对许叔微的打击很大。此后，他立志要学好医术，拯救苍生。

也许是因为心里担着太重的压力，许叔微读起书来，格外刻苦。他不仅白天读书，夜里也总是读到很晚。

他还有一些小毛病，写字的时候，身子总是下意识地向左侧倾斜，睡觉时也习惯左侧卧，而且每天睡前，都爱喝上几杯酒。

这些看似不起眼的小毛病，多年后，竟然酿成了大病。许叔微时常感到胃中翻涌并发出声响，恶心难受，肋下疼痛，同时，左半边身子也不出汗了。

许叔微的饭量日渐减少，身体渐渐垮了下去。他请了很多医师，却都没法医治，特别苦恼。没办法，他只好试着给自己治病。

许叔微翻阅了很多医书,结合自己的症状分析,判断自己是因为饮酒伤了脾胃,脾虚受损导致体内湿气无法排出,即"湿阻脾胃"。

根据相关医理,许叔微以苍术为主药,给自己配置了药方,每天坚持服用。一段时间过去,症状逐渐减轻了,胃口也变好了。就这样,许叔微在苍术的帮助下,重新拥有了健康的身体。

中医药 文化知识铺

苍术,又名山精、赤术、仙术等。入药部位为菊科植物茅苍术或北苍术的干燥根茎。主治湿阻中焦、脘腹胀满、泄泻、水肿、风湿痹痛、夜盲等。

丁香
dīng xiāng

第一章 本草故事

皇上赏赐的"毒药"

丁香虽然是一味常见的中药，却是个实实在在的"外来户"，它主产于马达加斯加、斯里兰卡、印度尼西亚、坦桑尼亚等国家。起初，它被用作熏香和烹饪香料，传到我国后，衍生出了新的用处。

东汉时期，汉桓帝在位时，朝中有一名官员，名叫刁存。这位官员年纪大了，口臭相当严重，一张嘴，便臭气熏天。每天大臣们上朝奏事，汉桓帝都要捏紧鼻子，实在是头疼极了。可刁存也不是故意为之，汉桓帝只好隐忍不发。

终于有一天，汉桓帝想到一个主意，赏赐给刁存一袋果子，让他含一颗在嘴里。刁存仔细打量这果子，长得像钉子似的，黑乎乎的，不知道是什么东西。

迫于无奈，刁存只好挑出一颗放进嘴里，没想到这玩意儿很是辛辣，辣得嘴疼。刁存心想，这该不会是毒药吧！顿时怕得不行。可汉桓帝还盯着他呢，他总不能吐出来呀。

退朝回家后，刁存确信，一定是汉桓帝要处死他，才赐给他这毒药。他想到自己命不久矣，便泪流满面地与亲朋好友一一道别。

这时，一位同样在朝为官的好友来访，见刁存哭成泪人，连忙上前问他发生了什么事。刁存只好把嘴里的果子吐出来,给好友过目。奇怪的是,刁存的口臭消失了,一张嘴,飘出一股芳香,很是好闻。

后来刁存才搞清楚,原来这像钉子一般的果子,名叫丁香。汉桓帝赐给他,是帮助他治疗口臭的。这便是"刁存含香"的故事。

此后,官员上朝奏事,便会含一颗丁香。《汉官仪》中便有对此事的记载。后来,"口衔丁香"衍生出了在朝为官的意思。

中医药 文化知识铺

丁香,又名公丁香、丁子香等。入药部位为桃金娘科植物丁香的干燥花蕾。主治脾胃虚寒所致呃逆呕吐、食少吐泻、心腹冷痛等。

决明
jué míng

第一章 本草故事

老秀才重见光明

老秀才常年用功看书，不到六十岁，两只眼睛都快看不见了，只能隐约看见些光亮。无奈的他，只好每天坐在家门口晒太阳打发时间。

春天的某一天，老秀才像往常一样，正晒着太阳，一位自称从南方而来的药商表示，想要买下不远处的那几丛草。

"你打算给多少钱呢？"老秀才试探着问。没想到药商很阔气，说："比一般药材贵一些都行，只要您肯卖给我。"一听这话，老秀才立马意识到这几丛草可能是珍贵的药材。他特别想知道这几丛草会长成什么药材，便婉言拒绝了药商。

药商走后，在好奇心的驱使下，老秀才开始认真地照顾那几丛草，每天给它们浇水，隔三岔五再松松土。

到了这一年的秋天，那几丛草长大了，结了许多种子。老秀才如获至宝，开心极了，连忙把种子摘下晒干。种子晒干后，散发出阵阵香气，沁人心脾。老秀才随手抓了一把泡水喝，感觉很不错，便天天拿种子泡水喝。

意料之外的事发生了，喝了这种子茶后，老秀才的视力竟然一天天恢复了。到第二年春天，那位药商再次来拜访时，老秀才已经能看清药商的容貌。药商见此情形，啧啧称奇。他说："原本我只知道这决明子能治疗便秘，没想到还对眼睛有好处啊！"

由于时常看书，古代的文人很多都患有眼病。诗人白居易就有眼病。他在《眼病二首》中写道："案上漫铺龙树论，盒中虚捻决明丸。人间方药应无益，争得金篦试刮看。"在这首诗中，医生给白居易开的方子是：戒酒，吃决明丸。可见，决明子作为明目药材，由来已久。

中医药 文化知识铺

决明子，又名草决明、假绿豆、还瞳子等。入药部位为豆科植物钝叶决明或小决明的干燥成熟种子。主治目赤涩痛、羞明多泪、头痛眩晕、目暗不明、大便秘结等。

屠呦呦从《肘后备急方》获得灵感，成功提取青蒿素，让我们发现，中医学这门历史悠久的学问，并未过时，依然在不断地推动现代医学的发展。通过阅读名医的逸闻趣事，你还会发现，中医不仅可以治病，更重要的是可以治人。

第二章

中医故事

孙思邈

扁鹊
biǎn què

第二章 中医故事

扁鹊三劝蔡桓公

扁鹊幼时虽家境贫寒，却养成了勤勉上进的品德。机缘巧合下，他得到医师长桑君的赏识，走上了学医之路，并成为一代名医。关于他的传说流传甚广，《韩非子·喻老》中便记载了扁鹊与蔡桓公的故事。

扁鹊时常游走各地为人治病。有一天，他在齐国朝见蔡桓公时，通过仔细观察，好言劝道："您的气色不太好，是患病的表现。但现在病情只在身体表浅的部位，及时治疗即可，否则疾病将损害您的健康。"蔡桓公并没把这话放在心上，甚至还怪扁鹊拿病吓唬人。

几天后，扁鹊第二次见到蔡桓公，表示疾病已经进入血液中了，现在治疗还有机会。然而，蔡桓公并没感觉自己生了病，仍旧不以为然。

第三次见面时，扁鹊语气严肃地警示蔡桓公，病情更严重了，已经危及脏腑，恐怕有生命危险。蔡桓公对扁鹊的劝诫依然不理不睬。

他们第四次见面时，扁鹊看见蔡桓公后什么都没说就转身离开了。蔡桓公感到非常奇怪。

后来，扁鹊对蔡桓公派来的使者说："病在皮肤时，可用药热敷治疗；病在血液时，可用针灸治疗；病在脏腑时，还可用清火去热的汤剂治疗。病入骨髓，就没法治了。"果然，没多久，蔡桓公就病逝了。

这个故事告诉我们，不要讳疾忌医，很多病是可以通过早发现早治疗而痊愈的。扁鹊一直提倡"治未病"，也就是预防疾病发生。《黄帝内经》也言："上医治未病，中医治欲病，下医治已病。"

"治未病"体现的忧患意识和预防疾病的思想，是中华民族得以长久发展、繁衍生息的重要保障。

中医药 文化知识铺

扁鹊，原名秦越人，战国时期名医，创立了望、闻、问、切"四诊法"，被尊为中国古代医学的鼻祖、古代医学的奠基者。

文 wén
挚 zhì

第二章 中医故事

文挚冒死治好齐闵王

春秋战国时期,除了耳熟能详的神医扁鹊,还有一位医术精湛且医德高尚的医生,名叫文挚。他是宋国人,生活在宋国国都商丘。

有一天,文挚正在研究医术,忽然有人跑来,请他赶紧动身去齐国。原来齐国的齐闵王生病了,整天没精打采,茶饭不思。

文挚赶到齐国,经过一番诊断,心中已经大致有数了。只是,他感到有些为难。他告诉齐国太子:"您父王的病是可以治的,要想治好大王的病,就得激怒他,可一旦激怒大王,我可能就要被杀头了。"

太子立即向文挚保证，如果能治好他父王的病，他和他母后一定会舍命求情的，如此一来，父王就不会怪罪文挚了。

太子的一番孝心，文挚都看在了眼里。他想，治病救人，终归是医生的天职，于是点头答应了下来。

到了看病的日子，齐闵王苦苦等待，却始终不见文挚的人影儿，原来是有事耽搁了。于是，他们重新约定了一个时间。

第二回，文挚又找了个借口，依然没有现身。第三回，眼见过了约定的时间，文挚却还是没有出现，齐闵王很不高兴，想见到文挚时痛骂他一顿。

没想到，就在这时，文挚嚣张地闯进殿门，穿着鞋子便直接踩到了齐闵王的床上，问齐闵王病情如何。齐闵王原本想保持修养，不跟文挚计较。可紧接着，文挚开始怒骂齐闵王，说的话别提多难听了。这下子，可算彻底把齐闵王给激怒了。

通过发怒，齐闵王宣泄了内心的忧郁，他的病渐渐痊愈了。可是，最终他并没有原谅文挚，而是下令将其处死。

中医药 文化知识铺

文挚，春秋战国时期名医。据《吕氏春秋·卷十一仲冬纪第十一·至忠》记载，他冒着危险治好了齐闵王的病，最终却还是被齐闵王处死了。

华 huà
佗 tuó

第二章 中医故事

48

华佗发明麻沸散

东汉末年，有一位医术高超的医师，不慕名利，游走于民间，治病救人，创造了许多医学奇迹。他就是与董奉、张仲景合称"建安三神医"的华佗。

据说，有一年，华佗携妻儿出门采药。他的儿子一不小心误食了名叫"曼陀罗"的草药而不幸离世。

痛失爱子的华佗，开始研究儿子的死因。他发现曼陀罗具有镇痛、麻醉的功能，便结合另外几味草药调配成了麻药。

自从有了麻药，华佗在外科手术方面的成就突飞猛进。《后汉书·华佗传》记载，当遇上针药无法治愈的疾病时，华佗便让病人用酒送服麻药，随后便可以开展手术，切除病变的部位。

华佗的儿子名叫沸儿。为了纪念儿子，华佗便将此药命名为"麻沸散"。

华佗为曹操治病

医术高明的华佗，被曹操注意到了。曹操一生南征北战，却治不好自己的头疼病，后来经人介绍，认识了华佗。

华佗告诉曹操，他的病难以根治，需要长期治疗。曹操听到诊断结论，心里很难受，便要求华佗做他的专职医师。可是，华佗心系百姓，并不愿意只侍奉曹操一个人。

帮曹操治疗了一段时间后,华佗说,自己离家已经有些时日,想回家看望家人。曹操无奈,只好给他放假。没想到,华佗一走,就不肯再回到曹操身边,甚至不惜撒谎。当谎言被戳破时,曹操无比生气,不顾劝阻,下令处死了华佗。

直到儿子因病去世时,曹操才开始后悔:"唉,要不是自己一气之下杀了华佗,儿子或许就有救了。"

中医药 文化知识铺

华佗,被后人誉为"外科鼻祖",在内、外、妇、儿各科的诊治中创造了许多医学奇迹,在中医养生功法方面也有着重要贡献,创立了著名的五禽戏。

张仲景
zhāng zhòng jǐng

第二章 中医故事

52

令人温暖的"祛寒娇耳汤"

东汉末年,张仲景出生在一个没落的官僚家庭。他广泛阅读医籍,特别钦佩扁鹊高超的医术。因为崇拜扁鹊,从而开始学医。由于博学多才、人品正直,他被推举做官。可是,他的心思一直都在医学上。

张仲景在做官期间,每月初一、十五两天,不问政事,在衙门为百姓们看病,让很多人得到了救治。为了纪念他的这一善举,后人称呼坐在药铺里给人看病的医生为"坐堂医生"。

张仲景不仅为我们留下了珍贵的医术,还留下了一道美食。

那一年,他卸任回老家,正赶上寒冷的冬天。一路上,随处可见无家可归、衣不蔽体的人。很多人因为寒冷,耳朵都被冻烂了。见此情景,他于心不忍,研制出一个可以御寒的方子。

冬至这天,张仲景的徒弟奉师命,在一块空地上搭起棚子,架上大锅。人们见了,感到很好奇,纷纷凑过来围观,想看看这是要做什么。

只见小徒弟把羊肉和驱寒的草药放在锅里一同烹煮,煮熟后捞出来切碎当作馅儿,然后用事先擀好的面皮包住馅儿,包成像一只耳朵的形状。等"耳朵"包好了,便倒进汤里煮熟。

张仲景给"耳朵"取名"娇耳"。他命徒弟给每个病人盛一碗汤，汤里放两个娇耳，"祛寒娇耳汤"就做好了。人们捧着碗，一边喝着热乎乎的汤，一边吃着娇耳，忽然觉得浑身流淌着一股暖意，就连耳朵也开始发热了。喝了这神奇的"祛寒娇耳汤"，再也没有人把耳朵冻伤了。

经过漫长时间的发展，娇耳渐渐被人们改称为饺子。饺子逐渐成为我国一道独具风味的美食。

中医药 文化知识铺

张仲景，东汉末年医学家，被后人尊称为"医圣"。他创造性地提出"辨证论治"原则，编写了《伤寒杂病论》，对中医的发展产生了深远的影响。

皇甫谧

第二章 中医故事

从顽童到名医

很多医生因为给他人治病而流芳百世，皇甫谧却因为给自己治病，成了一代名医。这究竟是怎么回事呢？古籍《晋书》中记录了不少有关皇甫谧的故事。

皇甫谧的家族诞生了许多著名的将领，一度风光无限。可到他出生时，不但家族已经没落，他还早早地失去了母亲。后来，他更是被过继给叔叔当儿子，搬去了洛阳生活。

兴许因为是将军的后代，小皇甫谧对于读书毫无兴趣，最爱做的事就是跟其他小朋友用自制的兵器玩打仗游戏。二十岁的一天，一向疼爱他的叔母又气又急地哭了:"唉,你都二十岁了,还这么不求上进,我怎能放心呢?好好学习,受益的是你自己,说到底又跟我有什么关系呢?"

叔母的眼泪,终于唤醒了皇甫谧的上进心。此后,他开始勤勤恳恳地学习。由于家境贫寒,他只好一边忙农活,一边利用闲暇时间读书。经过长期的积累,他变得学识渊博,并且可以靠写作赚取一些生活费。

不幸的是,人到中年,疾病降临到皇甫谧的身上,令他饱尝风痹和耳聋的痛苦。然而,他哪有钱看病呢?无奈之下,他只好想办法给自己治病。他阅读了大量医书,开始学习针灸,并试着用针灸给自己治病。

在这个过程中,皇甫谧发现,很多古代医书都让人看不明白,且存在不少错误。

于是,他选取《素问》《灵枢》《明堂孔穴针灸治要》等医书的精华部分,结合自己的亲身实践,完成了针灸学专著《针灸甲乙经》。

这本书不仅被我国历代医家当作必读书,还传到朝鲜、日本等国家,使当地人受益。

中医药 文化知识铺

皇甫谧,魏晋时期安定郡人,医学家、史学家。他的著作《针灸甲乙经》是中国第一部针灸学专著。他在针灸学史上占有很高的学术地位,被誉为"针灸鼻祖"。

gě
葛

hóng
洪

第二章 中医故事

启发屠呦呦提取青蒿素

2015年，我国科学家屠呦呦荣获诺贝尔生理学或医学奖。她成功提取了抗疟有效成分青蒿素，挽救了全球数百万人的生命。屠呦呦说，在研究陷入困境时，是我国中医古代文献《肘后备急方》给了她灵感和启发。

《肘后备急方》是我国古代最早的临床"急救手册"，作者葛洪是东晋时期杰出的医药学家。他在这部著作中写道："青蒿一握，以水二升渍，绞取汁，尽服之。"其中的"绞汁法"引起了屠呦呦的注意。她想，"水煎法"过高的温度或许会破坏青蒿中的有效成分，而如果借助一些低沸点溶剂，就能以较低的温度进行萃取了。后来,屠呦呦采用新办法,终于成功提取了青蒿素。

你瞧,古人的经验,竟然能对我们的生活起到这么大的作用。

葛洪丰富的人生经历

葛洪的人生经历很丰富,他打过仗,学过医,爱写书,爱讲课,还喜欢炼丹。在炼丹实验中,他还发现了不少有医用价值的化合物和矿物药。如今中医外科常见的"升丹""降丹"便是他的实验成果。

葛洪是研究传染病的专家。他在书中告诉人们,疾病不是鬼神引起的,而是中了外界的疠气。现在我们

已经知道，急性传染病是由病原微生物引起的。可在那个年代，没有任何先进的医疗器械，葛洪能破除迷信，以科学的视角看问题，已经很不容易了。

葛洪在《肘后备急方》"外发病"一卷中，还撰写了专门的篇目介绍治疗粉刺、酒糟鼻、黚黯、黑痣、脱发、体气的方药，体现了中医在治疗皮肤病方面的成就，也对后世中医美容的发展产生了一定的影响。

中医药 文化知识铺

葛洪，号抱朴子，东晋道教理论家、著名炼丹家和医药学家，世称"葛仙翁"。他的著作《抱朴子》为后人研究中国炼丹史，以及古代化学史提供了宝贵的史料。

孙思邈

第二章 中医故事

悬丝诊脉助分娩

你或许曾在《西游记》等故事中看到"悬丝诊脉"的情节，相传孙思邈也有这样神奇的本事。

那是在唐朝贞观年间，唐太宗李世民的皇后长孙氏怀孕已十月有余，迟迟无法分娩。在大家感到十分着急之时，一位大臣推举了来自民间的名医孙思邈。唐太宗听说孙思邈擅长治疗疑难杂症，便立马派人去请。

在古代，"男女授受不亲"的思想深入人心，普通男女之间尚要懂得避讳，更别说皇后这样的皇室成员了。孙思邈十分清楚这一点，所以，他为皇后量身打造了一套诊断方法。

他先找到服侍皇后的宫女,询问病情,接着,向此前为皇后治病的太医借来病案和处方,认真阅读。有了这些信息,相当于完成了"望、闻、问"三个诊断步骤,皇后的病情,孙思邈已经基本了解了。最后,他取出一根红线,请宫女把红线的一头系在皇后的右手腕上,然后将红线拉到床帘外。就这样,孙思邈不必见到皇后真容,便可捏着红线,为她切脉了。

很快,孙思邈告诉唐太宗,皇后是因胎位不正造成了难产,只需要在她的中指上扎一针,就可见效。经过唐太宗允许,宫女将皇后的手露出床帘外。孙思邈看准穴位扎了一针,不久,皇后顺利诞下了婴儿。

事后,唐太宗为了嘉奖孙思邈,想让他留在皇宫里掌管太医院。可是,孙思邈早就立志行走四方,济世救人,便婉言谢绝了。

关于悬丝诊脉是否真实存在,众说纷纭。通过这个故事,我们更应看到的是,一名优秀的医生不仅要有高超的医术,还要懂得站在病人的角度,设身处地地想问题。

中医药 文化知识铺

孙思邈,唐代医药学家,著有《备急千金要方》《千金翼方》,其中的《大医精诚》是中医典籍中论述医德的重要文献。后人将孙思邈尊称为"药王"。

李时珍
lǐ shí zhēn

第二章 中医故事

为著书遍尝百草

李时珍生于医药世家,童年受到父亲的影响,深深地爱上了中医药。长大后,即便深知在当时的社会,民间医生地位低,李时珍依然立下志愿,要成为一名好医生。他在医学上展现出很高的天赋,年纪轻轻便名声在外,还进入了太医院工作。

他一面行医,一面坚持阅读与写作。在这个过程中,他发现古代有关草药的医书,存在很多问题:不少药物没有被收录,有的药物只有简单的记述,甚至部分药物图文不匹配,一些药物的药性和药效并不正确,还有一些药物明明不同,却被混为一谈……要是病人吃错了药，那可是危及性命的呀。因此，李时珍决定，辞去官职，全心全意编撰一部完善的药物著作。

一开始，他以整理资料为主，可是越整理越发愁。很多药物书的作者并没有实地考证，而是抄来抄去，这就导致很多信息互相矛盾。思虑再三，他意识到，必须实地求证才能彻底改变现状。于是，他开启了漫长的考察之旅。

李时珍的足迹遍布许多名山大川。一路上，他都过着风餐露宿的生活，十分艰苦。好在，他不断向所遇之人求教，收获颇丰。

李时珍不仅向他人学习，还非常善于创新。有一次,他和随行的弟子发现了曼陀罗,这是华佗配制麻沸散的药物之一,可惜麻沸散已经失传。为了搞清楚曼陀罗的药性,他亲口尝试,验证了麻醉作用。后来他又思考配方,在前人的基础上,研制了新的麻药。

为了辨明药性和药物功效,李时珍始终坚持亲自考证,甚至以身试药,几次险些丢了性命,最终完成了被誉为"东方医学巨典"的《本草纲目》。

中医药 文化知识铺

李时珍,明代著名医药学家、博物学家。他三易其稿,终于完成了医药学巨著《本草纲目》,被后世尊为"药圣"。

tiān yè
天 叶
shì
土

第二章 中医故事

为求学更名改姓

叶天士是我国温病学的奠基人。他虽说医术卓越，却始终保持着谦虚向学之心。他更名改姓求学的故事，尤其为人称道。

据说，当年有一位擅长针灸的刘大夫，叶天士早已听说他的声名，盼望着能向他请教医术，却苦于无人引荐。

有一天，一位病人前来求医，交谈中，叶天士得知，这位病人竟然是刘大夫的外甥。听到这个消息，叶天士喜出望外。他治好病人后，恳求病人帮忙，介绍他拜刘大夫为师，并对刘大夫隐瞒自己的身份。病人欣然答应了。

就这样，叶天士改名换姓，成了刘大夫的学生。他每天跟在刘大夫身侧学习针灸，认真刻苦。由于他天资很高，学得也很快。

有一天，几个人慌慌张张地抬着一个孕妇赶到刘大夫家。刘大夫一看，孕妇已经昏迷，连忙开始进行诊断。可切脉之后，刘大夫不禁皱起了眉头。他很抱歉地说，这个病该怎么治，他也不知道，只好请病人家属另请高明。

就在这个时候，叶天士通过仔细观察，发现孕妇即将分娩，但胎位不正，她是疼晕过去的。他结合自己的经验，以及在刘大夫门下所学，取出银针，在孕妇的肚脐下方扎了一针，随后便让人赶紧把孕妇抬回家去。

没想到，孕妇到家后不久，就顺利诞下了婴儿。消息一出，刘大夫感到很是惊讶，便立刻详细询问叶天士。叶天士不得已，只好说出了实情。

当刘大夫得知，名医叶天士为求学不惜更名改姓，顿时无比感动。从此，刘大夫便把叶天士当作知音，并将自己的学识毫无保留地传授给了叶天士。

中医药 文化知识铺

叶天士，清代著名医学家，"温病四大家"之一。他首创温病"卫、气、营、血"辨证理论，主要著作有《温热论》《临证指南医案》等。

很多成语源于古代中医治病救人的故事，或是暗含了经典的中医思想。这些成语故事有的感人，有的奇幻，有的励志，有的令人捧腹，有的发人深省。请让它们带领你踏上旅途，走进更广阔的中医世界。

闻鸡起舞

高山流水

杏林春暖

囫囵吞枣

乐极生悲

第三章

成语故事

杏林春暖

第三章 成语故事

78

杏林深处有医家

在今天的福州市长乐区古槐镇,有一座山,被古人称为"福山"。东汉建安二十五年(220年),董奉出生在福山下的董厝里村。他自幼与青山做伴,逐渐爱上医学。因医术卓越,他与华佗、张仲景合称"建安三神医"。

《神仙传》记载,董奉长期隐居山中,热心地为人们问诊治病,且有一个特殊的规矩:找他看病,不需要支付医疗费,种树即可。每治好一位重症患者,就请患者在山坡上栽种五棵杏树,每治好一位轻症患者,就请患者在山坡上栽种一棵杏树。

得知看病不用花钱，来自各地的病人时常在董奉门外排成长龙。病好了，就按规矩去山坡上种树。就这样，几年后，山坡成了杏林。据说杏树多达十万株，实在壮观。

当杏树结出杏子，董奉便将它们采下，运到市场上换成粮食。这些粮食，可不是为了他自己享用，更多的是用来接济饥民。据说，董奉一年之中救助的饥民多达两万余人。这么多粮食，得用多少次看病问诊才能换来呢？

不仅免费看病，还接济饥民，董奉的仁心仁术逐渐广为人知。

为了表达对董奉的感激，人们在他家门口挂上了一幅牌匾，上面写着"杏林春暖"四个大字。"杏林精神"从此流传下来，成为后世医者的职业信仰。

历代文学名家也因此留下了许多诗句，用以赞誉董奉，如李白的"禹穴藏书地，匡山种杏田"，王维的"董奉杏成林，陶潜菊盈把"，杜甫的"香炉峰色隐晴湖，种杏仙家近白榆"，唐寅的"人来种杏不虚寻，仿佛庐山小径深"，等等。

中医药 文化知识铺

杏林春暖的意思是杏林春意盎然，用来赞扬医生的医术高明。"杏林"也是中医药行业的代名词，医家常自称"杏林中人"。

乐极生悲

lè jí shēng bēi

第三章 成语故事

淳于髡劝诫齐威王

《史记·滑稽列传》中有这样一句话："酒极则乱，乐极则悲，万事尽然，言不可极，极之而衰。"这是什么意思呢？让我们通过一个小故事来搞明白。

战国时期，七雄争霸。七雄指的是秦、魏、韩、赵、楚、燕、齐七个主要诸侯国。有一回，楚国派军队攻打齐国。齐国的齐威王觉得自己势单力薄，连忙派使节淳于髡去赵国搬救兵。淳于髡不负重托，凭借从赵国请来的十万大军击退了楚军。

齐威王一向爱喝酒，打了胜仗后，他特别高兴，更是酒瘾大发，立即招呼手下大摆酒席，打算好好庆祝一番。

淳于髡见此情形，知道齐威王又要一醉方休了，这可怎么办呢？

他思索片刻，对齐威王说："大王，酒喝得过多，就会因为喝醉而失了礼节，同理，人一旦高兴到了极点，就可能发生悲伤的事。所以我觉得，任何事，一旦超过了极限，就会向相反的方向发展。"

淳于髡其实是想用这个道理劝诫齐威王不要贪杯。他所说的，正是开篇那句话的内涵。齐威王觉得此话言之有理，便听取了淳于髡的建议。

在中医文化中，有"七情"的说法。七情，也就是喜、怒、忧、思、悲、恐、惊这七种情志活动。

七情是人体对外界环境的生理反应，通常情况下，七情不会使人生病，可一旦某种情绪过于激烈，超过了人体所能承受的极限，就会影响五脏六腑气血功能的平衡，导致"物盛则易衰"。

成语"乐极生悲"同样表明了这个道理。当一个人快乐到了极点，接下来就可能发生令人悲伤的事。

中医药文化知识铺

中医认为，情志对人体健康有很大的影响。无论遇到高兴的事，还是悲伤的事，我们都要学会主动调节情绪。内心平衡了，身体才会更加健康。

悬壶问世

第三章 成语故事

葫芦里的老神仙

《后汉书·方术列传》记载了一个有趣的传说。

从前有个市场管理员，名叫费长房。某天，他看见一间药店门口挂了一个葫芦，药店的主人是一位老人家。打烊的时候，神奇的事发生了，只见老人家变小后钻进了那只葫芦里！

第二天，费长房便跑去拜访这位老人家，想问个究竟。老人家得知费长房的来意，便让他明日再来。

又过了一天，费长房如约而至，老人家带着他一起钻进了葫芦里。这下子，费长房可算是开了眼了。他看见葫芦里富丽堂皇，桌上摆满了美食美酒。他们俩在葫芦里饱餐了一顿才出来,老人家叮嘱费长房千万记得保密。

后来,老人家跟费长房坦白道:"我本来是个神仙,因为犯了错受罚。现在我可以回去了,你想跟我一起走吗?"费长房一心想学习医术,便欣然与他一同进了深山。学成之后,费长房便开始四处行医了。

这个故事衍生出成语"悬壶问世",指在社会上挂牌行医。与它相近的词语"悬壶济世"常被用来赞扬医者救死扶伤的精神。

神秘的"壶翁"

你是否也想拥有一个神奇的葫芦呢?其实,关于葫芦和医生的故事还有不少，如《神仙传》等古籍中提到的"壶翁"的故事。

汉代，河南一带闹瘟疫，由于缺医少药，不少人因病去世。

某一天，一位神秘的老人来到了这里，开了一间药铺，还随身带着一个药葫芦。只要有人求医，他就从葫芦里倒出一颗药丸相赠。病人吃了药丸，身体就会渐渐康复。人们十分感激他，便尊称他为"壶翁"。

中医药 文化知识铺

古代医生喜欢挂药葫芦，通常有三层含义：一是表达"悬壶济世"的志向；二是寓意吉祥安康、药到病除；三是葫芦密闭性强，适合用于储存药物。

杯弓蛇影

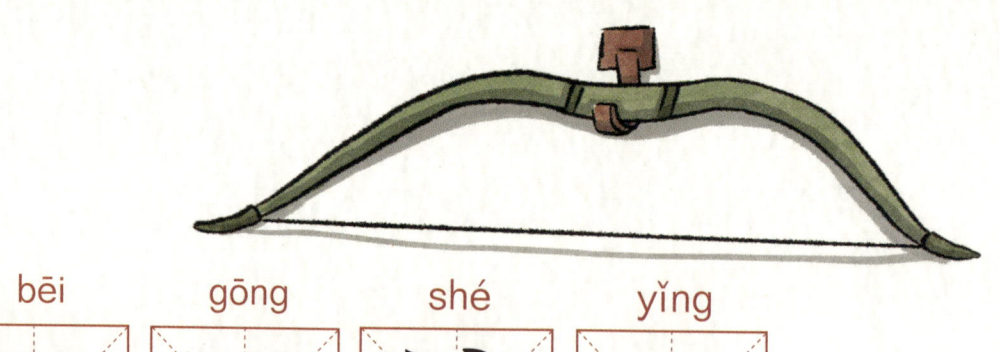

bēi gōng shé yǐng

第三章 成语故事

误吞"小蛇"

要是你不小心吃下去一条蛇，会是怎样的心情？

《晋书·乐广传》中就有个人误吞了一条小蛇。

乐广有个挺要好的朋友，许久没有联系。他感到很奇怪，便连忙前去问候好友。

好友有些难为情地说出了真相："前些日子去你家吃饭，承蒙你的厚意，正准备端起杯子喝酒，突然看见杯子里有一条小蛇晃来晃去。虽然我感到很恶心，可这毕竟是你敬的酒啊，我就只好一口饮下了。结果回到家里，我一直放不下这件事，就生病了。"

得知此事，乐广立刻跑到他们当天吃饭的房间查看。很快，他注意到墙上那张装饰着犀角的弓。乐广恍然大悟，终于明白杯中小蛇的由来。

后来，乐广约好友再次来此吃饭。乐广为好友倒了一杯酒，引导他看向酒杯："你瞧瞧，杯里有小蛇吗？"好友说："有，跟那天看到的一样！"乐广微微一笑，指向墙上的那张弓，说明了前因后果，总算解开了好友的心结。

误吞虫子

据说，金元时期的名医张子和也有类似的经历。

一位病人因误吞虫子，连日来浑身不适，希望张子和开个催吐的药方。张子和问清病情，便开了催吐的药方,并告诉病人,服药后,虫子就会被吐出来。后来他又悄悄对病人的丫鬟说,病人呕吐时,放一根红丝线到呕吐物中,假装是虫子。丫鬟照办后,病人果然就痊愈了。

其实,无论是小蛇还是虫子,都不过是人的心病。成语"杯弓蛇影"因此被用来比喻疑神疑鬼而引起的恐惧。

中医药 文化知识铺

中医自古对心理治疗就有独到的研究,中医典籍《黄帝内经》中便有诸多记载。杯弓蛇影故事体现的,就是中医的"抑情顺理法"。

对症下药

duì zhèng xià yào

第三章 成语故事

94

一种病和两个药方

《三国志·魏志·华佗传》记载了一个华佗问诊的故事。

倪寻和李延是东汉末年的地方官员。有一回，他们俩同时患病了，并且两人的病情十分相似，都是脑袋疼、浑身发热。

他们听说有一位名叫华佗的神医，医术非常高明，深受人们的爱戴，便相约找华佗求医。

华佗仔细询问了二人的病情，又认真地做了一番检查，随后说出诊断结论：倪寻应该用泻药，李延应该吃发汗的药。

你或许会感到疑惑，明明症状相同，可治疗方法截然不同，这是为什么呢？倪寻和李延同样感到不解，便向华佗请教。

华佗一边开药方一边解释道："倪寻的病在体内，是由消化不良引起的，而李延病在外感风寒，是受凉引起的。你们二位的病情看上去相似，但追根究底是不一样的，当然就需要吃不同的药来治疗啦。"

话说到此，药方也开好了。倪寻和李延拿着药方买了药，半信半疑地吃了几天，没想到真的痊愈了。他们俩都对华佗感到十分佩服。这个故事体现了中医的辨证论治，也就是在充分认清疾病的本质后，再确定相应的治疗方法。

曾有知名医学专家认为，最为复杂的疑难杂症的治疗，恰恰是中医的优势所在。在辨证论治的基础上发挥中医综合治疗的优势，问题往往迎刃而解。

后来，人们就用"对症下药"来称赞华佗的治疗方法。这个成语的本义是医生针对患者病症用药，也可以用来比喻针对具体问题，采取有效的解决办法。

中医药 文化知识铺

在中医学中，"病"是对疾病特点与规律的概括，如感冒；"症"指疾病的单个症状以及脉象等临床表现，如头疼；"证"则是对疾病过程中某一阶段或某一类型的病理概括，如风寒证。

闻鸡起舞

第三章 成语故事

98

失眠的哥儿俩

《晋书·祖逖传》记载，西晋末期，社会十分动荡，民不聊生。一个名叫祖逖的年轻人目睹了社会的现状，陷入了沉思。

童年时期的祖逖是一个贪玩的小朋友。成年后，他逐渐变得成熟，开始发现自己学识有限，难以报效国家。于是，他下定决心，发誓要做一个有学问的人。

多年后，祖逖和幼时的好朋友刘琨一起去司州当官。哥儿俩感情很深，白天同在衙门任职，夜里合盖一床被子睡觉。他们还同样有着远大的抱负，希望有朝一日能建功立业。他们相互鼓励道："如果天下大乱，豪杰并起,咱们俩就在中原干出一番事业!"

也许是因为对当时局势的过度担心,哥儿俩的睡眠不太好。有一天,到了半夜,远处的一只鸡突然叫了起来,把祖逖给惊醒了。祖逖连忙推推身旁的刘琨:"你听到鸡叫声了吗?"刘琨仔细听了听,点点头:"听到了,半夜鸡叫,感觉不太吉利啊。"

祖逖思索片刻,对刘琨说:"我倒不这么认为,反倒是觉得鸡叫声可以敦促我们早点儿起床。"他又想了想,提议道,"索性,以后咱们听到鸡叫就起床练剑,你说怎么样?"刘琨听了,觉得这是一个好主意。

于是往后每天鸡叫声响起,哥儿俩就穿上衣

服，走到小院里，在满天星斗下认真舞剑，直到天明。这便是成语"闻鸡起舞"的由来。

所有的辛苦与努力都没白费，后来，他们都成了杰出的将领，实现了自己的理想。

他们之所以能成为名将，一是早早树立了远大的志向，二是坚持为理想付出，长期刻苦学习。

成才的路上，唯有仰望星空且脚踏实地，才可能踏平无数的坎坷。

中医药 文化知识铺

中医重视晨练，闻鸡起舞蕴含着"早睡早起身体好"的健康理念，术语叫"夜卧早起"。《黄帝内经》中还对四季晨练的时间提供了建议。

病入膏肓
bìng rù gāo huāng

第三章 成语故事

102

晋景公的两场噩梦

晋景公是春秋战国时期晋国的第二十六代君主。《左传·成公十年》记载了他生病时的一段故事。

一天夜里，晋景公在梦中看见一个模样吓人的厉鬼。厉鬼"砰砰"两声破门而入，恶狠狠地对晋景公说："你这个坏蛋，竟敢杀我子孙！我已经得到上天相助，不久就要取你性命！"

梦醒后，晋景公慌忙召见善于占卜吉凶的巫人谈论起昨夜的噩梦。没想到，巫人不仅准确地描述了梦的内容，还断言晋景公命不久矣，怕是吃不到今年的新麦子了。晋景公听了，心里很不是滋味。

没多久,晋景公果然身患重病,于是派人去秦国请名医相救。等待的日子里,他又做了一个噩梦,梦见疾病化作两个小孩。一个小孩担忧地说:"听说那位医生医术高超,恐怕会伤了我们,我们往哪儿逃才好?"另一个小孩安慰道:"不用怕!我们躲到肓的上面、膏的下面就没事了。"

名医赶到后,经过一番诊治,遗憾地告诉晋景公:"现在疾病已经到了肓的上面、膏的下面,无药可救了。"有趣的是,晋景公不但不生气,还认为这位医生果然厉害,便赐予厚礼。

又过了些日子,到了收麦子的时节。晋景公命人用新麦子做食物，并得意扬扬地想：谁说我吃不到新麦子的？于是下令斩了巫人解气。然而，就在晋景公准备进食的时候，忽然腹痛难忍，匆忙跑进厕所，最终在厕所里摔死了。

成语"病入膏肓"便从这个典故中来，本意是形容病情特别严重，无法医治，也被用来形容事情发展到了不可挽回的地步。如果在生活中遇到了问题，我们一定要及时处理哦！

中医药 文化知识铺

人体背部有一个重要穴位就叫"膏肓穴"。孙思邈曾在《备急千金要方》中提到膏肓穴可以治疗久病体虚、咳嗽、气喘、发狂、健忘等。

高山流水

gāo shān liú shuǐ

第三章 成语故事

伯牙与钟子期

伯牙是春秋时期著名的琴师。他的琴艺十分高超,却总觉得自己无法出神入化地表达对各种事物的感受。为此,他感到有些郁闷。

有一年中秋夜,伯牙回老家探亲,途经汉阳江口时停下休息。他仰望明月,不禁有些感怀,于是在船舱里弹奏起来。

当他弹得入迷时,忽然听见岸上有人鼓掌叫好,探身一看,原来是一个樵夫。

樵夫通常文化水平较低,伯牙难以相信,他竟然能听懂自己的琴音,便好奇地邀请他上船坐坐。等樵夫坐定，伯牙想测试一下他是否真的能听懂琴音，便重新弹奏一曲，用以赞美巍峨的高山。没想到樵夫竟然赞叹道："哇，我仿佛看见了壮丽的泰山！"

伯牙还是难以置信，便又弹了一首表现河流奔腾的曲子。樵夫又感慨道："太厉害了，我仿佛看见了滚滚流过的河水！"

伯牙终于确信，这名樵夫真的能听懂他的音乐，十分感动。从此，伯牙便把这位名叫钟子期的樵夫，视为自己的知音。他们约定，第二年的中秋夜，再次把酒言欢。

没想到，第二年的中秋夜，钟子期失约了。

一位老者告诉伯牙，钟子期几个月前已经去世了，临死之前还惦记着与伯牙的约定呢。

这便是"高山流水"的故事。这一成语，常被用来比喻知音难觅，或是乐曲高妙。

很多人不知道，音乐产生之初与治病有关，《黄帝内经》便提出了"五音疗疾"。古人认为，音乐有"五音"，正如药物有"五味"，聆听合适的音乐有益身心健康。

中医药 文化知识铺

"五音"也就是角、徵、宫、商、羽。五音与五志（怒、喜、思、忧、恐）、五脏（肝、心、脾、肺、肾）的紧密联系，是五音疗疾的理论基础。

109

囫囵吞枣

第三章 成语故事

110

吃水果的"妙招"

有一个成语，你或许并不陌生，叫作"囫囵吞枣"。人们常用这个成语比喻对事物不加思考地笼统接受，就像有的人学习时，只知道对书本上的内容死记硬背，却从不深入探究。

关于这个成语，有一个令人捧腹的故事。

古时候，有一个小伙子，总爱自作聪明。有一天，他问一位老医生："医生医生，请问，吃什么水果对身体有好处啊？"

慈眉善目的老医生说："这可不好说，水果各有各的特性，基本上都有好处，可吃多了就可能有坏处。就拿枣和梨子来说吧。枣对脾脏有滋补的作用，可它对牙齿不太好；梨子则相反，它对牙齿有好处，可吃多了又会损伤脾胃。"

小伙子听完，哈哈一笑："我想到好办法了！"

老医生好奇地问小伙子："你有什么好办法？"

小伙子特别得意地说道："这还不简单，对不同的水果，可以用不同的吃法。比如枣，我就不用牙齿咬，直接吞下去。梨子呢，我就只在嘴里嚼，而不咽下去，这不就行了？"

老医生听完小伙子的"妙招"，愣了好几秒，不禁哈哈大笑："吃梨子只嚼不咽尚且能行，可枣不嚼而